Inhalt

2 **In der Schule**
2 Die Neuen begrüßen

4 **Im Herbst**
4 Vom Wetter
6 Luftdruck nachweisen

8 **Miteinander leben**
8 So lebe ich – wie lebst du?
10 Wie wir unseren Ort verändern wollen

12 **Im Winter**
12 Im Winter forschen
14 Richtig handeln – richtig helfen

16 **Das tut mir gut**
16 Wie bleibe ich fit?
18 Gesund leben

20 **Bei uns und anderswo**
20 Sich im Ortsplan orientieren
22 Planquadrate und Himmelsrichtungen
24 Unser Heimatkreis
26 Die Wirtschaft in unserem Heimatkreis
28 Arbeit haben
30 Mit dem Fahrrad sicher unterwegs
32 Verkehrszeichen kennen und beachten

34 **Früher und heute**
34 Alte und neue Gebäude
36 Waschen früher und heute

38 **Im Frühling**
38 Sorgsam mit der Natur umgehen

40 **Der Natur auf der Spur**
40 Wasser in der Natur
42 Der Kreislauf des Wassers

44 **Mit Tieren leben**
44 Das Hausschwein ist ein Nutztier
46 Hühnerhaltung

48 **Im Sommer**
48 Stoffe werden verarbeitet und genutzt

50 **Wusstest du schon …?**
50 Medien nutzen
52 Informationen im Internet suchen

53 Zum Ausschneiden
55 Zum Ausschneiden

56 Übersicht zur Lernplanpassung

Die Neuen begrüßen

1 Stellt euch vor, es kommen drei Kinder neu in eure Klasse:
Lina aus Hamburg
Jamil aus Conakry
Samira aus Damaskus

Ergänze die Angaben. Suche Informationen im Internet. Nutze auch den Atlas.

Stadt: Hamburg
Land:

Eine Sehenswürdigkeit:

Stadt: Conakry
Land:

Eine Sehenswürdigkeit:

Stadt: Damaskus
Land:

Eine Sehenswürdigkeit:

Gehe im Internet so vor:

1. Gib als Adresse eine Kinder-Suchmaschine ein, zum Beispiel: **www.fragfinn.de**
2. Klicke den Link an, er öffnet sich.
3. Gib das Suchwort oder die Suchwörter ein und drücke auf „Los“.

4. Wähle ein Suchergebnis aus. Reichen dir die Informationen aus? Wenn nicht, wählst du ein weiteres Suchergebnis.

S. 2, 3

2 Stellt euch den neuen Kindern vor, zum Beispiel mit Steckbriefen.

Mein Steckbrief

Das bin ich.

Mein Name: ____________________

Mein Geburtstag: ____________________

Lieblingsfächer: ____________________

Lieblingsmusik: ____________________

Lieblingsbuch: ____________________

Lieblingstier: ____________________

Lieblingsessen: ____________________

Hobbys: ____________________

____

3 Schreibe Begrüßungsworte in verschiedenen Sprachen auf.

____

____

____

____

____

4 Wenn ich Jamil oder Samira wäre …
Was würde ich mir
in meiner neuen Heimat wünschen?
Schreibe, klebe Bilder auf oder
zeichne auf einem Blatt Papier.

Über sich selbst nachdenken, einen Steckbrief schreiben als Grundlage für Gespräche mit Kindern unterschiedlicher Herkunftsländer; Gemeinsamkeiten und Unterschiede feststellen; unterschiedliche Sprachkenntnisse als Mittel der Verständigung nutzen; Einfühlungsvermögen stärken

S. 2, 3

Vom Wetter

1 Notiere und ergänze:
Wo kannst du Informationen über das Wetter finden?

2 Wähle einen Tag aus: Wie war das Wetter an diesem Tag?
Denke an: Temperatur, Bewölkung, Niederschlag und Wind

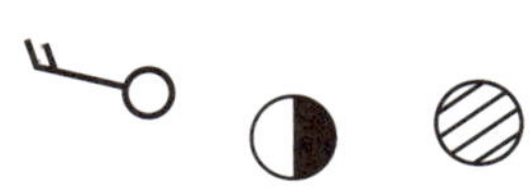

Datum:

Wetter:

3 Wie war der Wetterbericht für diesen Tag?

Datum:

Wetter:

4 Vergleiche deine Beobachtungen aus Aufgabe 2
mit dem Wetterbericht aus Aufgabe 3.

☐ sind gleich ☐ sind ähnlich ☐ sind ganz verschieden

Mediale Informationsquellen zu Wetterberichten benennen und bewerten;
die eigene Wetterbeobachtung für einen Tag mit der Wettervorhersage
für diesen Tag aus medialen Quellen vergleichen

S. 2

5 Viele Menschen sind in ihrem Beruf vom Wetter abhängig.
Ergänze:

Diesen Menschen nutzt eine Wettervorhersage	
Beruf	Begründung
Fährschiffer	Fähren …

6 Die Sonnenstrahlen erwärmen die Erde.
- Beschreibe, wie die Sonne in den Jahreszeiten am Himmel steht.
- Vervollständige den Lückentext. Nutze die Wörter:

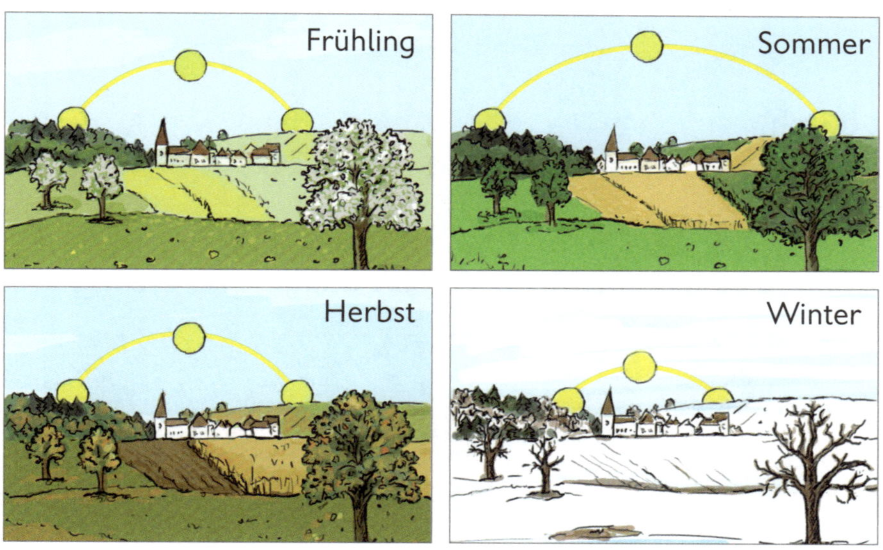

Jahreszeiten

Sonneneinstrahlung

Tagbogen

Sonnenscheindauer

Temperaturen

Bei uns unterscheiden sich die Te_______________

in den _______________ deutlich voneinander.

Sie hängen davon ab, aus welcher Höhe und wie lange die Sonne

auf die Erde strahlt. Ein _______________ veranschaulicht

die _______________

und die _______________.

Berufe finden, deren Ausübung vom Wetter abhängt (Fährschiffer …), Begründungen finden;
die Bilder zum Tagbogen der Sonne in den Jahreszeiten betrachten,
mithilfe vorgegebener Wörter den Lückentext ergänzen

S. 2

Luftdruck nachweisen

1 Schreibe auf, was du über den Luftdruck weißt. Die Bilder helfen dir.

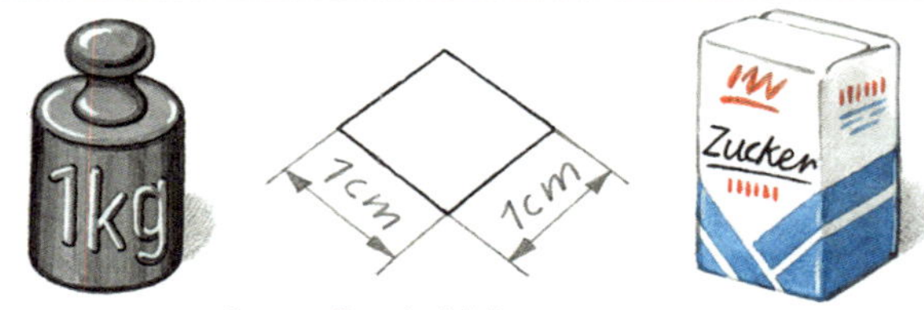

2 Führe das Experiment durch.

Luftdruck spüren

Du brauchst: eine Zeitung und ein Lineal von 30 cm Länge

Gehe so vor:

- Lege das Lineal 20 cm auf den Tisch.
- Lege eine gefaltete Zeitung auf das Lineal und schlage auf das überstehende Ende des Lineals.

Beobachtung:

- Lege dann die Zeitung glatt und parallel zur Tischkante auf das Lineal.
- Schlage auf das überstehende Ende des Lineals.

Beobachtung:

Das eigene Wissen über die Entstehung von Luftdruck und dessen Wirkung notieren; die Wirkung von Luftdruck im Experiment wahrnehmen

S. 7

3 Führe das Experiment durch.

Saughaken befestigen

Du brauchst:

- zwei Saughaken
- eine glatte Oberfläche

Gehe so vor:

A Drücke die Saughaken zusammen und trenne sie wieder.

B Drücke einen Saughaken auf eine glatte Fläche und nimm ihn wieder ab.

Beobachtung:

A ____

B ____

4 Führe das Experiment durch.

Ein Handschuh aus Glas

Du brauchst:

- Einmalhandschuhe
- passendes Glas

Gehe so vor:

A Stülpe den Handschuh über die Öffnung des Glases und drücke die Handschuhfinger in das Glas.

B Stecke die Finger des Handschuhs in das Glas und stülpe den Handschuh von innen über den Glasrand. Ziehe dann die Finger vorsichtig heraus.

Beobachtung:

A Der Handschuh lässt sich ____________________ ins Glas stecken.

B Er lässt sich ____________________ ins Glas stecken.

Er lässt sich auch ____________________ über den Rand ziehen

und wieder herausziehen. Das Glas ____________________ am

Handschuh ____________________.

Zur Wirkung des Luftdrucks im Alltag nach Anleitung experimentieren;
technische Geräte nutzen und sorgsam damit umgehen, die Beobachtungen dokumentieren

S. 7

So lebe ich – wie lebst du?

1 Fülle deinen Familien-Steckbrief aus.

Ich in meiner Familie

Mein Name: ____________________

Er bedeutet: ____________________

Meine Familie nennt mich: ____________________

Ich spreche diese Sprachen: ____________________

Meine Familie:

____

____

____

Unser Lieblingsessen: ____________________

Wir spielen zusammen gern: ____________________

Unser liebster Urlaubsort: ____________________

Das Besondere meiner Familie: ____________________

____

Einen Familien-Steckbrief erstellen, dadurch Erfahrungen zur sozialen Gemeinschaft des eigenen Familienlebens wahrnehmen

2 Welche Feste feiert ihr gern in der Familie?
Kreuze an. Erzählt darüber.

3 Führe ein Interview mit einem anderen Kind.

Familien-Steckbrief

Dein Name: ____________________

Er bedeutet: ____________________

Vornamen in deiner Familie: ____________________

____

Euer Lieblingsessen: ____________________

Ihr spielt zusammen gern: ____________________

Euer liebster Urlaubsort: ____________________

Das Besondere an eurer Familie: ____________________

4 Vergleicht die Steckbriefe aus Aufgabe 1 und 3.
Welche Gemeinsamkeiten und Unterschiede gibt es?

Rituale, Traditionen und Feste in Familien mithilfe der Bilder besprechen und auf die eigene Familie beziehen; ein Interview führen, die Ergebnisse dokumentieren; zwei Familiengemeinschaften vergleichen

Wie wir unseren Ort verändern wollen

1 Bewerte mit Punkten: Ist die Umgebung, in der du wohnst, kinderfreundlich?

●●●● super
●●● gut
●● okay
● nicht so gut

Bebauung/Häuser	Die Nachbarn	Sportplätze
 ○○○○	 ○○○○	 ○○○○
Erholung	**Grünflächen/Parks**	**Verkehr**
 ○○○○	 ○○○○	 ○○○○

2 Schreibe auf: Was ich mir für meinen Ort wünsche.

Das eigene Wohnumfeld nach bestimmten Kategorien bewerten;
die eigenen Wünsche zu Veränderungen im Ort reflektieren und notieren

S. 6

3 Befrage Kinder und Erwachsene zu ihren Wünschen.

Meine Wünsche	Antworten
Veränderungen in meiner Straße	
Verkehrsverbindungen im Wohngebiet	
Freizeitangebote im Wohngebiet	

4 Eure Bürgermeisterin oder euer Bürgermeister hat deine Klasse zum Gespräch eingeladen.
Mache dir Notizen, was du fragen oder sagen möchtest.

Im Winter forschen

1 Nummeriere die Schrittfolge für ein Experiment.
Bringe die Fragen in die richtige Reihenfolge.

☐ Was will ich wissen?

☐ Wie führe ich das Experiment durch?

☐ Was habe ich herausbekommen?

☐ Was brauche ich für mein Experiment?

☐ Wie erkläre ich es?

☐ Was vermute ich als Ergebnis?

☐ Was beobachte ich?

2 Führe das Experiment durch.

Eiswürfel schmelzen im Wasser

1. Frage: Läuft das randvoll gefüllte Glas über, wenn die Eiswürfel im Wasser schmelzen?

2. Vermutung: Kreuze an: ☐ ja ☐ nein

3. Du brauchst:

4. Durchführung:
Ich gebe Eiswürfel in ein Glas und fülle es rand__________ mit Wasser.
Dann stelle ich es auf einen Teller und w__________, bis das Eis geschmolzen ist.

5. Meine Beobachtung: Das Wasser ☐ läuft über. ☐ läuft nicht über.

6. und 7. Ergebnis und Auswertung:

Die Eiswürfel sch__________ im Wasser. Beim S__________ entsteht genauso viel Wasser, wie die E__________ verdrängt haben.
Deshalb läuft das Wasser im Glas __________.

Die Schrittfolge beim Experimentieren wiederholen, einen Versuch zum Schmelzen von Eis in Wasser durchführen, vorab eine Vermutung aufschreiben und nach der Durchführung die Beobachtung und Auswertung dokumentieren

S. 7

3 Führe das Experiment durch.

Kochsalz auf Eis

1. Frage: Was passiert, wenn ich etwas Kochsalz auf Eisstücke gebe?

2. Vermutung ____________________

____

3. Du brauchst:

Eisstücke — Kochsalz — einen Messbecher (Milliliter = ml) — einen Teelöffel — ein Thermometer

4. Durchführung:

- Fülle die Eisstücke in den Messbecher (bis zur Markierung 100 ml).
- Miss die Temperatur im Eis. Trage sie in die Tabelle ein.
- Rühre zwei Teelöffel Kochsalz in das Eis.
- Miss die Temperatur erneut. Trage sie in die Tabelle ein.

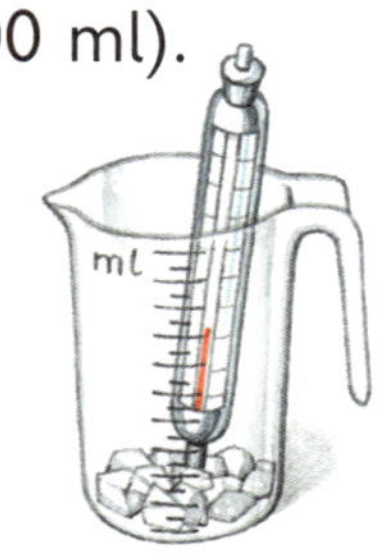

5. Beobachtung:

Material	Eisstücke	Eisstücke und Kochsalz
Temperatur in °C		

6. Ergebnis:

Das Eis ____________________, obwohl die Temperatur ____________________.

7. Auswertung:
Wasser gefriert bei 0 °C zu Eis. Das Salz bildet am Eis eine Schicht aus Salzwasser. Darin löst sich immer mehr Eis auf, denn Salzwasser gefriert erst bei etwa -3 °C. Die gemessene Temperatur im Becher sinkt, weil beim Auftauen des Eises Energie (Wärme) verbraucht wird.

Richtig handeln – richtig helfen

1 Klebe die Bilder und Texte von Seite 53 ein.
Vervollständige die Sätze und begründe die Aussagen.

Seite 53

In der dunklen Jahreszeit ziehe ich

____

Kleidung an, am besten Sachen mit reflektierenden Streifen.

Seite 53

Seite 53

Als Fußgänger überquere ich die Fahrbahn an gut beleuchteten Stellen, niemals hinter parkenden

____________________________ .

Seite 53

2 Schreibe einen Text zum Bild.

____

____

____

____

Zu richtigem Handeln und Entscheiden in unterschiedlichen Gefahrensituationen Bilder und Texte ausschneiden, zuordnen bzw. Texte selbst formulieren, dabei wichtige Grundregeln anwenden

3 Ein Unfall ist passiert.
Welche Telefonnummer musst du kennen?

Was fragt und sagt die Feuerwehr? Trage ein.

1. Wo ____________________ ?

2. Was ____________________ ?

3. Wie viele ____________________ ?

4. Welche ____________________ ?

5. Warten ____________________

4 Lies den Text zum Technischen Hilfswerk und betrachte die Bilder.
Notiere Stichpunkte.

Das Technische Hilfswerk (THW) hilft Menschen nach Katastrophen und Unglücken. Dort arbeiten etwa 80 000 Helferinnen und Helfer ehrenamtlich. Das bedeutet: Sie leisten in ihrer Freizeit Hilfe für Menschen in Not. Sie bekommen kein Geld dafür.

____

____

____

____

____

____

Wie bleibe ich fit?

1 Betrachte die Bilder und sprich darüber.
Warum machen diese Übungen fit?

1

1 Frühsport macht munter

2

2

3

3

4

4 Kraft geben mir

Bilder zu den Übungen betrachten und beschreiben, Bedeutung der Übungen für eigenes Wohlbefinden und eine gesunde Lebensführung notieren

2 Welche Kinder zeigen eine ungesunde Körperhaltung?
Kreuze die Bilder an.

3 Setze diese Wörter in den Lückentext ein.

Bewegung gehe Körperhaltung
Rückenschmerzen trage sitze stehe

Wenn ich falsch ______, ______, ______

oder Lasten falsch ______ oder hebe, belaste ich meinen Rücken

stark. So können ______ entstehen.

______ und eine gute ______

fördern meine Gesundheit, und es sieht auch besser aus.

4 Gestalte ein Lapbook zum Thema:
So bleibe ich gesund und fit.

Die einzelnen Szenen betrachten, ungesunde Körperhaltung kennzeichnen; den Lückentext ergänzen, sich dabei mit der eigenen Körperhaltung auseinander setzen; ein Lapbook zum Thema gestalten

S. 8, 9

Gesund leben

1 Was passt zusammen?
Verbinde Bild und Text.
Diskutiert über die Bilder und Texte.

Sei nicht leichtsinnig.
Vermeide Unfälle.

Bewege dich viel
an frischer Luft.
Mache mit bei
verschiedenen Sportarten.

Lerne deinen Körper kennen.
Nimm seine Signale wahr –
zum Beispiel bei Stress.
Finde Wege, um dich wieder
besser zu fühlen.

Ernähre dich gesund.
Vermeide Übergewicht.

Ärztlicher Rat hilft,
Krankheiten zu vermeiden.
Gehe regelmäßig
zum Zahnarzt.

Regeln für einen verantwortungsbewussten Umgang mit sich selbst beachten,
Bilder und Texte entsprechend zuordnen

2 Im Suchsel haben sich acht Wörter versteckt, die Stress auslösen können.
Male die Wörter an.

O	M	O	B	B	I	N	G	M	X	K	R	T
B	B	D	T	D	L	E	K	F	L	Ä	R	M
I	S	P	Z	E	I	T	D	R	U	C	K	W
G	H	J	L	B	S	P	X	K	T	S	L	U
Y	H	U	N	O	R	D	N	U	N	G	N	D
Q	Ä	R	G	E	R	R	S	T	R	E	I	T
E	Y	W	J	R	O	M	C	C	K	H	D	T
K	L	A	S	S	E	N	A	R	B	E	I	T
T	E	I	N	S	A	M	K	E	I	T	H	X
A	S	K	L	F	E	N	O	G	R	S	I	M

3 Was hat Hannah mit der Antwort gemeint?

4 Wenn du oft müde und gereizt bist, schlechte Laune,
Kopfschmerzen und Bauchschmerzen hast
oder zu viele Fehler machst, bist du vielleicht gestresst.
Diese Signale sind wie eine rote Ampel. Dein Körper warnt dich: Halt!

Was kannst du tun, um dich wieder wohlzufühlen? Schreibe Beispiele auf.

Das tut mir gut:

Sich im Ortsplan orientieren

1 Übt, die Legende des Plans zu lesen.
Betrachtet dazu die Zeichen. Beschreibt sie und lest die Erklärungen.

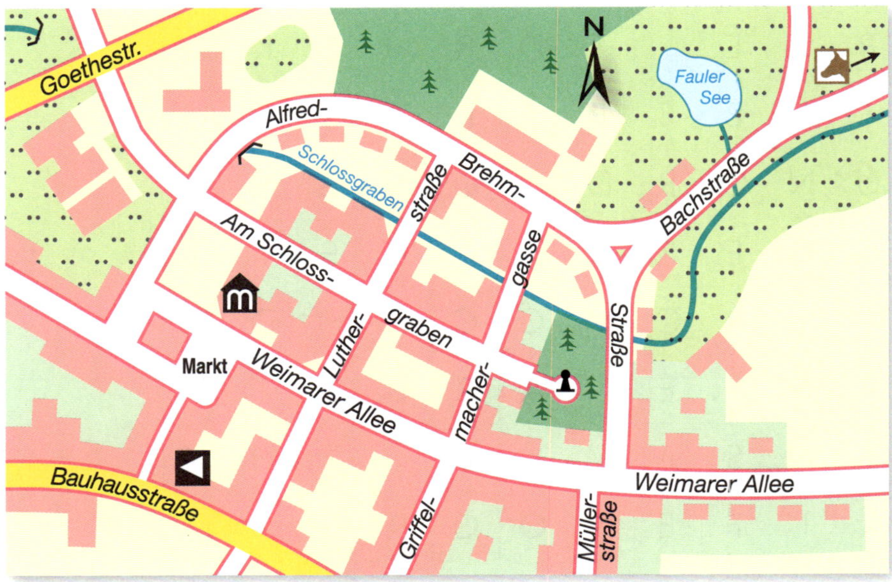

0 100 200 300 400 500 600 700 m

	Hauptstraße		Wald, Park		See		Museum
	Straße		Garten		Graben		Kino
	Gebäude		Wiese		Denkmal		Reiterhof

2 Finde die Orte im Plan. Trage ein.

Name einer Hauptstraße: ______

An dieser Straße gibt es viele Gärten: ______

Name der Gewässer: ______

______

Lage des Museums: ______

Einen Plan lesen und Aussagen dazu treffen (Nordpfeil, Himmelsrichtungen, Sprachentwicklung: nördlich von ..., grenzt im Süden an ...); sich mithilfe der Legende im Ortsplan orientieren, bestimmte Ortslagen benennen

S. 6, 12, 13

3 Ergänze den Text mit Hilfe der Legendenzeichen.

Ich sehe die ______________________.

Sie heißen: ______________________.

An den Straßen stehen viele ______________________ mit roten Dächern.

Dieses grüne Gebiet ist der ______________________.

Das ______________________ steht am Ende der Straße:

______________________.

In der Nähe des ______________________ befindet sich

ein ______________________.

An der Bauhausstraße liegt das ______________________.

4 Miss Entfernungen. Nutze dazu den Ortsplan.

Miss mit Papiermessstreifen

- Kennzeichne auf dem Messstreifen Anfangspunkt und Endpunkt.
- Lege ihn dann an die Maßstabsleiste der Karte an.
- Stelle die jeweilige Entfernung fest.

Direkte Entfernung: Museum – Denkmal	Direkte Entfernung: Kino – Fauler See
______________	______________

Miss mit einem Faden entlang der Straßen

Tipp 2 im Schülerbuch, Seite 60 hilft dir.

Wegentfernung: Denkmal – Kino	Wegentfernung: Schlossgraben – Markt
______________	______________

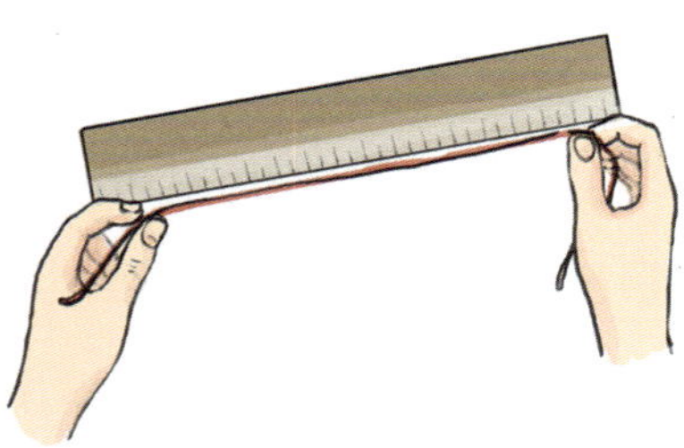

Der Karte mit Hilfe der Legendenzeichen Informationen entnehmen und diese dokumentieren;
Entfernungen schätzen und auf der Karte mit unterschiedlichen Methoden messen, diese ebenfalls dokumentieren

S. 6

Planquadrate und Himmelsrichtungen

Ein Stadtplan ist oft in Quadrate eingeteilt. Die Quadrate nennt man Planquadrate.
Waagerecht → stehen große Buchstaben. Senkrecht ↑ stehen Zahlen.
Du kannst die Lage der Gebäude und Einrichtungen durch die Buchstaben und Zahlen genau beschreiben oder schnell finden. Du kannst auch mehrere Quadrate angeben.

1 Arbeite mit dem Stadtplan von Erfurt.

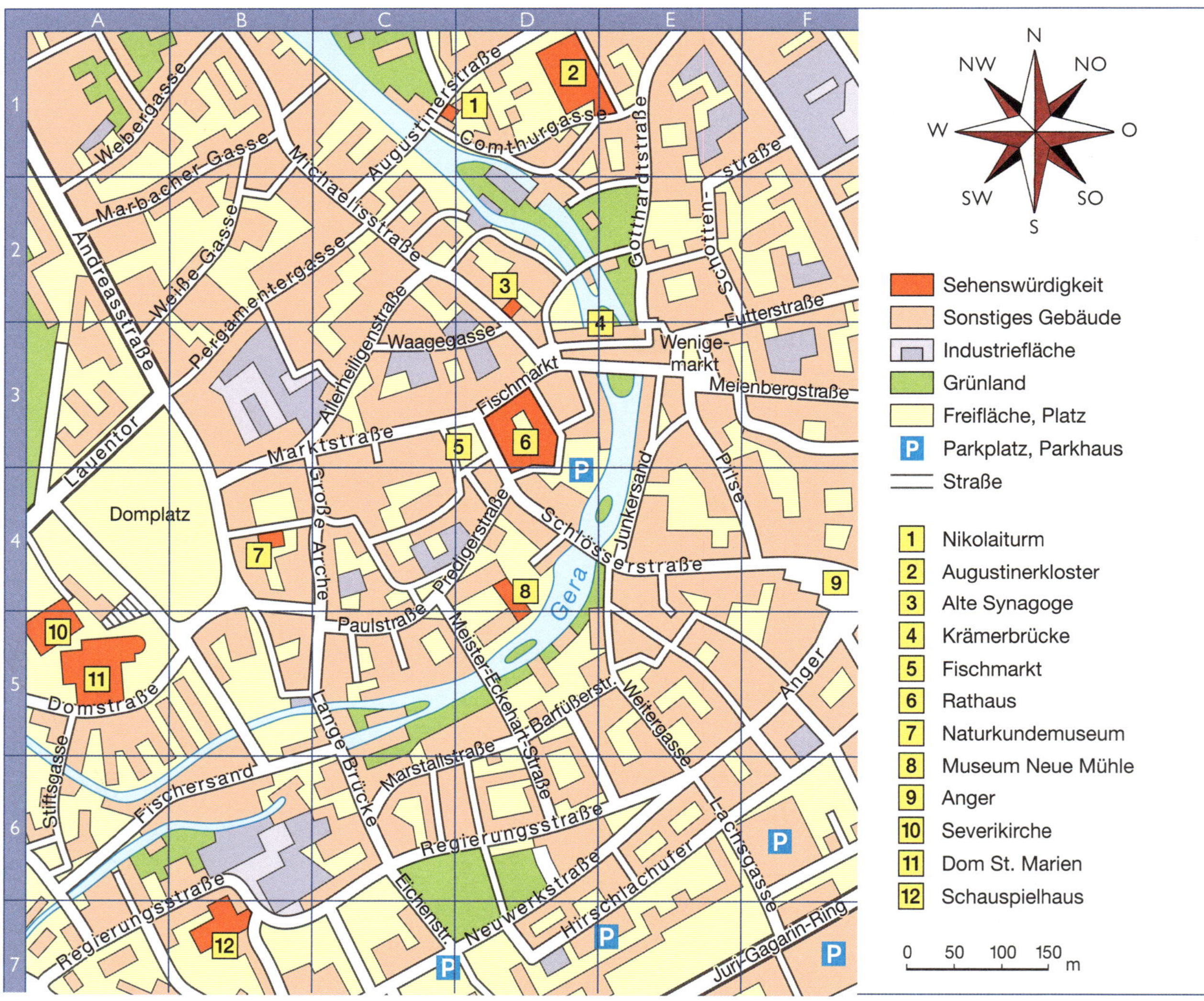

Das Rathaus liegt im Planquadrat: D3 →

Der Dom St. Marien liegt im Planquadrat:

Der Wenigemarkt liegt im Planquadrat:

Die Barfüßerstraße liegt im Planquadrat:

2 Zeichne das Planquadrat F4. Trage den Namen des Erfurter Platzes ein.

3 Finde die Planquadrate im Stadtplan.

Gebäude/Einrichtung	Planquadrat
Naturkundemuseum	
Museum Neue Mühle	
Alte Synagoge	
Schauspielhaus	

Gebäude/Einrichtung	Planquadrat
Nikolaiturm	
Fischmarkt	
Augustinerkloster	
Severikirche	

4 Beschrifte die drei Teile vom Kompass.
Male die Spitze der Kompassnadel, die nach Norden zeigt, rot an.
Trage in die gelben Kästen die Himmelsrichtungen ein.
Die Abkürzungen helfen dir.

N

NW

NO

W

O

SW

SO

S

Aus dem Stadtplan von Erfurt ein Planquadrat abzeichnen, Lage von Gebäuden und Einrichtungen den Planquadraten zuordnen; die Teile eines Kompasses beschriften; die Haupt- und Nebenhimmelsrichtungen eintragen, die ein Kompass anzeigen kann

Unser Heimatkreis

1 Male deinen Kreis oder deine kreisfreie Stadt farbig aus.
Schreibe den Namen auf.

Ich wohne ______________________________ .

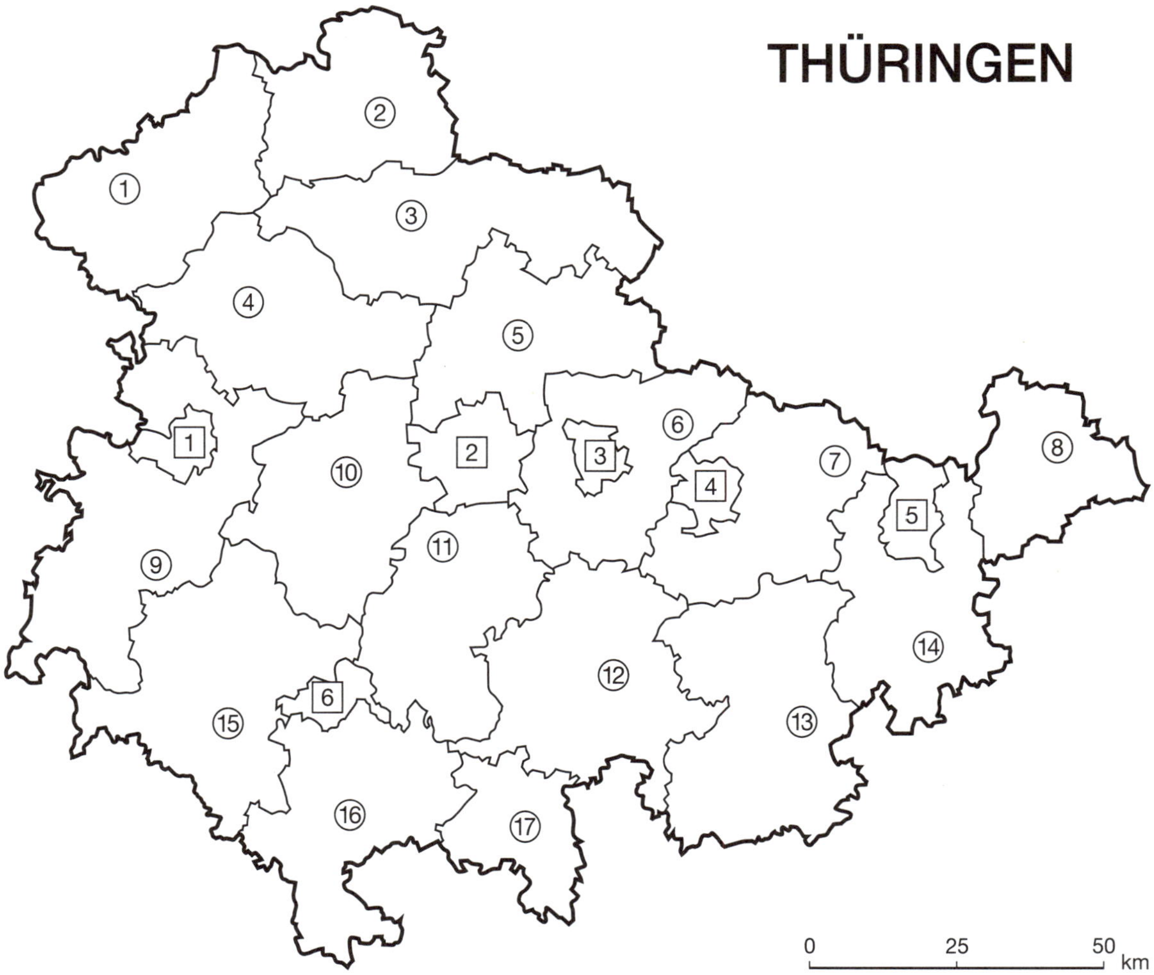

Kreisfreie Städte

1 Eisenach
2 Erfurt
3 Weimar
4 Jena
5 Gera
6 Suhl

Landkreise

(1) Eichsfeld
(2) Nordhausen
(3) Kyffhäuserkreis
(4) Unstrut-Hainich-Kreis
(5) Sömmerda
(6) Weimarer Land
(7) Saale-Holzland-Kreis
(8) Altenburger Land
(9) Wartburgkreis
(10) Gotha
(11) Ilm-Kreis
(12) Saalfeld-Rudolstadt
(13) Saale-Orla-Kreis
(14) Greiz
(15) Schmalkalden-Meiningen
(16) Hildburghausen
(17) Sonneberg

In der Landeskarte den eigenen Heimatkreis bzw. die kreisfreie Stadt finden, benennen und farbig ausmalen

2 Miss aus: Welche Ausdehnung hat dein Heimatkreis oder der Kreis, der die kreisfreie Stadt umgibt?

Von Nord nach Süd beträgt die Entfernung ______________________ Kilometer.

Von West nach Ost beträgt die Entfernung ______________________ Kilometer.

3 Schreibe, male, klebe Bilder auf.

Interessantes in meinem Heimatkreis

Ein Kreis beschäftigt viele Mitarbeiterinnen und Mitarbeiter in der Kreisverwaltung. Sie arbeiten in verschiedenen Dienststellen, zum Beispiel im Bürgeramt. Dort regeln sie für die Einwohner viele Aufgaben.

4 Für welche Aufgaben ist die Kreisverwaltung verantwortlich? Nenne weitere Beispiele.

Führerscheine ausstellen, Autos zulassen,

____

____

Die Ausdehnung des Heimatkreises ausmessen, dabei die Papierstreifenmethode anwenden; Interessantes, z. B. Sehenswürdigkeiten, des Heimatkreises/der kreisfreien Stadt aufschreiben, malen oder Bilder einkleben; ausgewählte Aufgaben der örtlichen Verwaltung notieren

S. 3

Die Wirtschaft in unserem Heimatkreis

1 Findet Beispiele. Tragt den Namen ein. Beschreibt genauer.

Handel, Geschäfte

Lebensmittel: ____________________

____

andere Fachgeschäfte: ____________________

____

Hotels, Gaststätten

Gaststätten: ____________________

____

Hotels: ____________________

____

Dienstleistungsbetriebe

Betriebe: ____________________

____

Dienstleistungen: ____________________

____

Sich über Geschäfte, Hotels, Gaststätten und Dienstleistungsbetriebe des Heimatkreises informieren, Beispiele dokumentieren und deren Leistungen besprechen

S. 2, 3

2 Zeichne eine Mindmap zum Thema:
„Geschäfte, in denen meine Familie einkauft".

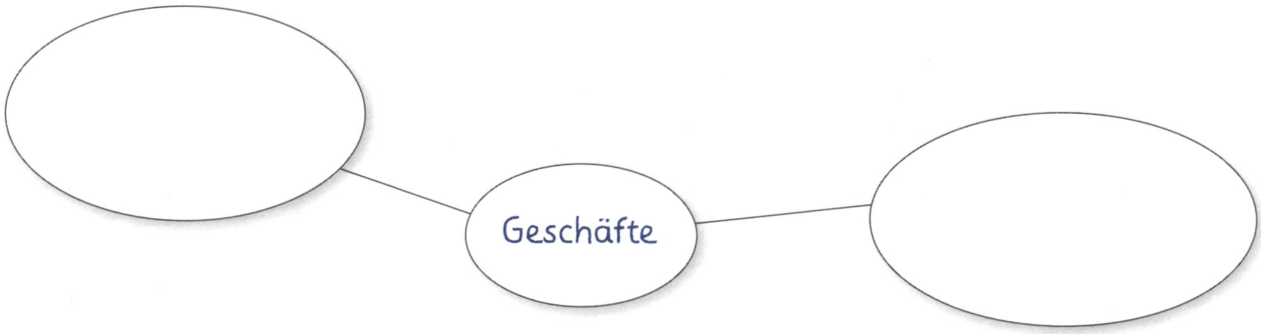

3 Zu welchem Bereich gehören diese Berufe?
Trage die Zahlen in die Tabelle ein. Es sind fünf Berufe pro Bereich.

1 Automobilkauffrau
2 Fachverkäuferin Lebensmittel
3 Florist
4 Restaurantfachfrau
5 Fachkraft im Gastgewerbe
6 Buchhändlerin
7 Lokführer
8 Hotelfachmann
9 Hotelmanagerin
10 Dolmetscher
11 Tankwart
12 Krankenschwester
13 Koch
14 Sekretärin
15 Erzieher

Handel/Geschäfte	Hotels/Gaststätten	Dienstleistungsbetriebe

4 Wähle einen dieser drei Bereiche (siehe rechts) aus.
Welche Berufe gibt es dort?

Bereich: ______________________

____

____

____

____

Landwirtschaft, Forstwirtschaft, Fischerei

Industrie

Transport und Verkehr

Eine Mindmap zum Thema „Geschäfte, in denen meine Familie einkauft" gestalten, sich über Berufe informieren und diese den einzelnen Gewerben zuordnen, weiteren Wirtschaftsbereichen Berufe zuordnen, damit Wissen für die spätere Berufswahl anbahnen

S. 10/11

Arbeit haben

1 Die Fotos zeigen Menschen bei der Arbeit und in der Freizeit.

Schreibe die passenden Nummern auf.

Welche Bilder zeigen Menschen bei der Arbeit?	Welche Bilder zeigen Menschen in ihrer Freizeit?

2 Notiere: Was fällt dir zu diesen Wörtern ein?

Arbeit	**Freizeit**

Den Menschen als ein Lebewesen mit seinen individuellen Ansprüchen (personale Identität) und seiner Position in der Gesellschaft (soziale Identität) wahrnehmen (hier: Freizeit und Arbeit)

3 Befrage einen Erwachsenen zu seiner Arbeit.
Sprecht in der Klasse über die Ergebnisse.

1. Was arbeiten Sie? ____________________

2. Warum machen Sie diese Arbeit? ____________________

____

3. Gefällt Ihnen Ihre Arbeit? Warum? Oder: Warum nicht?

____

____

4. Welche andere Arbeit würden Sie gern einmal machen? Warum?

____

4 Betrachte das Bild, lies die Sprechblasen.
Beantworte die Fragen.

Wie sehen die Gesichter der beiden Personen aus?

____

____

Worüber sprechen die Personen?

____

____

Wie fühlt sich der arbeitslose Mann?

____

Warum ist er gestresst?

____

____

Mit dem Fahrrad sicher unterwegs

1 Diese Teile muss ein verkehrssicheres Fahrrad haben.
Finde die Teile am Fahrrad. Trage die Nummern ein.

- ☐ Hinterradbremse
- ☐ Vorderradbremse
- ☐ roter Rückstrahler
- ☐ weißer Scheinwerfer
- ☐ weißer Frontreflektor
- ☐ roter Großflächenrückstrahler
- ☐ rote Schlussleuchte
- ☐ hell tönende Klingel
- ☐ Dynamo
- ☐ 4 Speichenreflektoren
- ☐ 2 gelbe Pedalrückstrahler

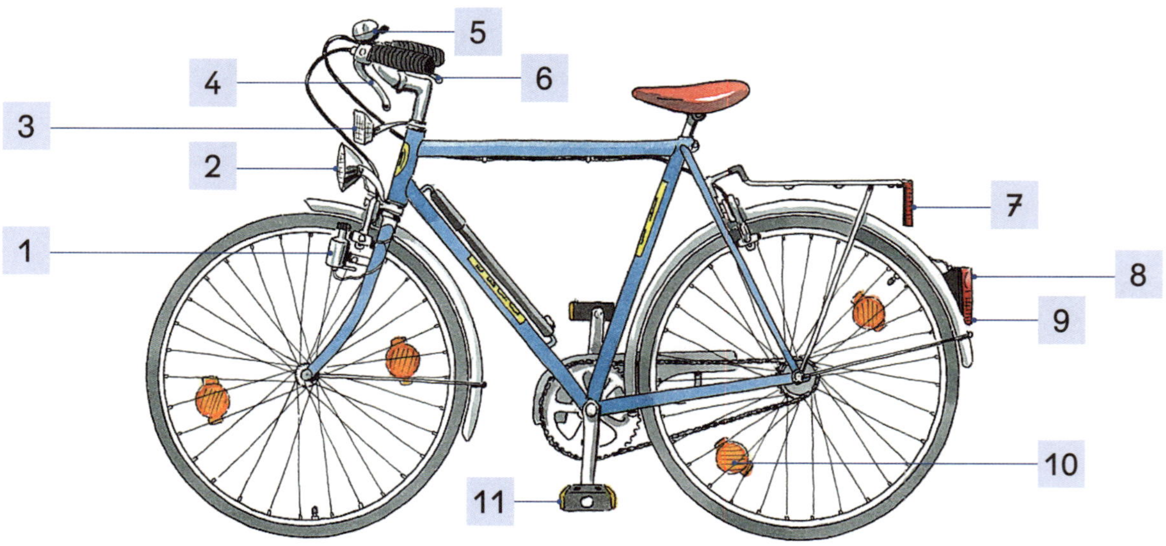

2 Prüfe dein Fahrrad. Welche Teile hat es? Schreibe die Nummern auf.

☐ ☐ ☐ ☐ ☐ ☐ ☐ ☐ ☐ ☐ ☐

3 Welche Teile musst du an deinem Fahrrad noch ergänzen?

____

____

Einen Fahrradcheck hinsichtlich Verkehrssicherheit vornehmen;
das eigene Fahrrad entsprechend den Vorschriften untersuchen

4 Was macht dein Fahrrad betriebssicher? Kreuze an.

- ☐ Die Kette ist straff gespannt.
- ☐ Der Dynamo ist sauber.
- ☐ Das Rad hat einen Korb.
- ☐ Die Bremsen funktionieren sicher.
- ☐ Die Bremsen bewegen sich leicht.
- ☐ Die Radmuttern sind festgezogen.
- ☐ Eine Luftpumpe ist vorhanden.
- ☐ Die Scheinwerfer leuchten weiß.
- ☐ Die Reifen sind gut aufgepumpt und haben genug Profil.

5 Betrachte das Bild. Lies die Sätze.
Beantworte die Fragen. Nutze auch Aufgabe 1 auf Seite 32.

Leon fährt durch einen . Worauf muss er bei dem Schild 

achten?

____

Ben gerät in einer Nebenstraße an eine . Und was jetzt?

____

Mutti fährt mit Emily bis zum Schild . Was wird Emilys Mutti nun tun?

____

Verkehrszeichen kennen und beachten

1 Diese Verkehrszeichen solltest du kennen.
Kreuze an, was jedes Schild bedeutet.

	☐ Alle Verkehrsteilnehmer müssen schnell fahren. ☐ Die Fahrzeugführer dürfen die Fußgänger weder gefährden noch behindern; wenn nötig, müssen sie warten. ☐ Hier darf ein Radfahrer nicht fahren.
	☐ Hier anhalten und anderen Fahrzeugen die Vorfahrt gewähren. ☐ Du darfst anhalten und ausruhen. ☐ An dieser Stelle nur langsam über die Straße gehen.
	☐ Hier wird Sand aufgeladen. ☐ Hier ist ein Spielplatz. ☐ Hier ist eine Arbeitsstelle.
	☐ Mütter müssen hier ihre Kinder an die Hand nehmen, um sie vor Radfahrern zu schützen. ☐ Für Fußgänger und Radfahrer gibt es getrennte Wege. ☐ Achtung Fußgänger, hier ist ein Radweg.
	☐ An diesem Schild müssen Fußgänger warten, bis alle Autos vorbeigefahren sind. ☐ Achtung! Dem Verkehr auf der Vorfahrtstraße muss Vorfahrt gewährt werden. ☐ Hier ist die Einfahrt verboten.
	☐ Hier können Radfahrer fahren und Fußgänger laufen. Sie müssen aufeinander Rücksicht nehmen. ☐ Radfahrer müssen ihr Fahrrad schieben. ☐ Der Weg ist für Radfahrer und Fußgänger gesperrt.

Verkehrszeichen wiederholen oder neu kennenlernen, ihre Bedeutung erfassen und passende Aussagen ankreuzen; sich im Gespräch über entsprechende Verhaltensregeln austauschen, diese im Straßenverkehr anwenden bzw. das Verhalten üben

S. 6

2 Kreuze an.

Wie verhalte ich mich hier?

- [ ] Ich kann auf die Straße fahren, um den Fußgängern auszuweichen.
- [ ] Ich muss meine Geschwindigkeit an die Fußgänger anpassen.
- [ ] Ich warte, bis die Fußgänger Platz machen.

3 Ergänze die Wörter: Gefahr | Rand | rotem | verboten

Dreieckige Schilder mit ______ Rand und der Spitze nach oben bedeuten: Hier muss ich aufpassen, hier droht ______.

Runde Schilder mit rotem ______ bedeuten:

Hier ist etwas ______.

4 Schreibe zu jedem Bild auf: Was musst du beachten? Wie verhältst du dich?

Ich muss ______

______

______

Ich muss ______

______

______

Die Bilder und Texte betrachten, lesen und auswerten; das eigene Wissen über Verkehrsregeln prüfen: Verhalten als Radfahrer auf einem gemeinsamen Fuß- und Radweg, am Ende eines verkehrsberuhigten Bereiches, an einer Arbeitsstelle reflektieren

Alte und neue Gebäude

1 Die Art, wie Häuser gebaut werden, verändert sich im Lauf der Zeit. Betrachte die beiden Bilder und die Grundrisse der Häuser.

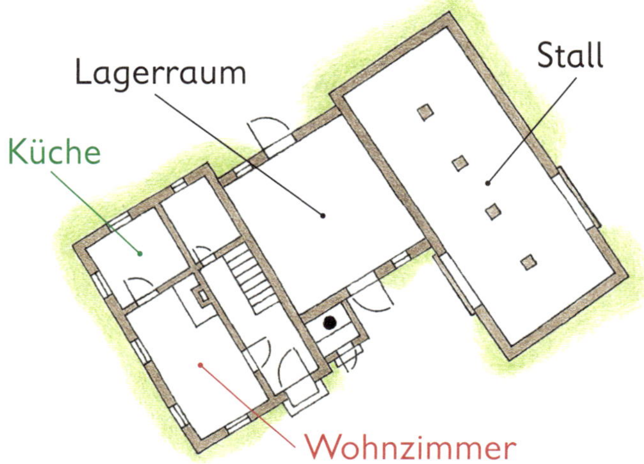

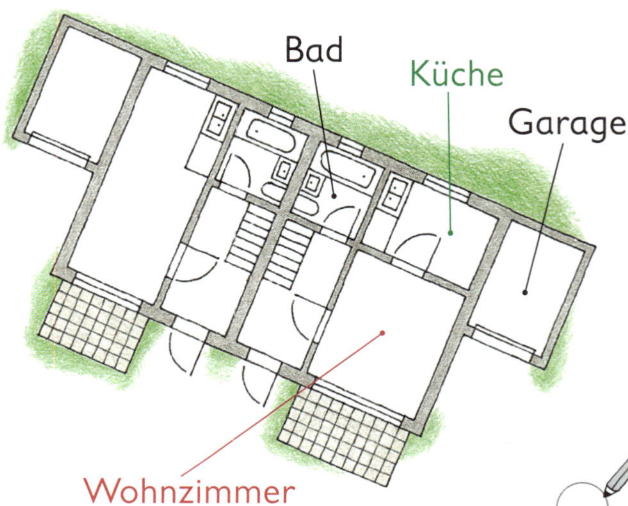

2 Welche Räume gibt es in den Häusern?

Altes Fachwerkhaus	Neues Wohnhaus

Ein altes und ein neues Haus in der Außenansicht und im Grundriss vergleichen (mögliche Kategorien: Größe und Anzahl der Räume, Formen von Dach, Fenstern, Türen, Baustoffe …); die einzelnen Räume benennen

3 Schreibe auf, was dir besonders an den Häusern auffällt.
Sieh dir noch einmal die Grundrisse aus Aufgabe 1 auf Seite 34 an.

Altes Fachwerkhaus

Neues Wohnhaus

4 Könntest du dir vorstellen, im alten Fachwerkhaus zu leben?
Begründe deine Meinung.

5 Alte Gebäude können umgebaut und modernisiert werden.
Finde ein Beispiel in deinem Wohnort.
Fotografiere oder zeichne und schreibe dazu.

Waschen früher und heute

1 Lies die Texte.
Schneide die Bilder von Seite 53 aus. Klebe sie auf.

Seite 53	Seite 53	Seite 53

Um 1750 wusch man die Wäsche in einer großen Holzwanne. Darin befand sich eine heiße Lauge, in der man die Wäsche einweichte. An einer Stelle am Fluss legte man die Wäschestücke auf einen Stein und schlug mit einem Holzbrett darauf, bis sie sauber waren. Dann wurde die Wäsche im Wasser gespült.

Um 1850 wurde die Wäsche mit Kernseife in einem Waschkessel gekocht. Dabei musste man sie mit einem langen Holzstab bewegen. Die Wäsche wurde mit einer Bürste gesäubert. Dann spülten die Wäscherinnen die Wäsche in Wannen so lange, bis das Wasser klar blieb.

Um 1910 gab es schon Waschmittel, gewaschen wurde aber immer noch in einem Waschkessel. Die Wäsche wurde mit einem Stampfer gepresst. So drang das Waschmittel besser in die Wäsche ein. Auch das Ausspülen und Auswringen der Wäsche erfolgte noch mit der Hand.

2 Im Text sind Jahreszahlen angegeben.
Verbinde die Texte mit der Zeitleiste.

Sachtexte und Bilder zum Waschen inhaltlich zuordnen und die Bilder aufkleben;
Jahreszahl auf der Zeitleiste finden und Verbindung herstellen

Seite 53

Seite 53

Seite 53

Um 1930 wurde Wäsche immer noch im Waschkessel gekocht. Durch ein Drehkreuz wurde die Wäsche gleichmäßig bewegt. Die Waschmaschine besaß zusätzlich noch einen Elektromotor und eine Vorrichtung, mit der die Wäsche ausgewrungen wurde.

Um 1966 kam der Waschkessel aus der Mode. Mit der teilautomatischen Waschmaschine WM 66 konnten die Funktionen Heizen, Waschen und Leeren ausgeführt werden. Das Spülen der Wäsche wurde außerhalb der Waschmaschine per Hand erledigt.

Heute besitzen viele Haushalte vollautomatische Waschmaschinen. Sie werden elektronisch gesteuert. Je nach Art der Wäsche wählt man Waschmittel und Programm aus und drückt die Taste „Start“. Die Wäsche wird gewaschen, gespült und geschleudert.

2000

1950

2050

930

1960

heute

3 Vergleiche, wie früher gewaschen wurde und wie heute gewaschen wird (z. B. Waschort, Waschmittel, Aufwand oder Zeit). Schreibe eine Tabelle. Nutze ein Blatt.

Informationen zur Art des Waschens (Ort, Waschmittel, Zeitaufwand) aus den Texten entnehmen und in einer Tabelle notieren; Waschen früher und heute vergleichen

S. 16

Sorgsam mit der Natur umgehen

1 Die Menschen nutzen und schützen die Natur.
Betrachte die Bilder. Ergänze die Texte.

Gesteine Nahrungsmittel Naturschutz Pflege Straße Teiche

Natur liefert uns

______________________ .

Auf diesem Feld werden Kartoffeln angebaut.

Natur muss weichen.
Eine neu gebaute

____

verbindet Orte.

Natur liefert uns Rohstoffe. Hier werden

____

abgebaut und später zum Bauen verwendet.

Natur wird wiederhergestellt.
In ehemaligen Gruben vom Tagebau wurden

______________ angelegt.

Natur erfreut.
Alle Menschen leben mit der Natur und können

zur ______________________

der Natur beitragen.

Natur wird erhalten.
Seltene Pflanzen und Tiere stehen unter

______________________ .

Exemplarische Beispiele zur Nutzung und zum Schutz der Natur durch den Menschen erfassen, die Texte lesen und mit Begrifflichkeiten vervollständigen

2 Was gehört zur Natur? Schreibe Beispiele auf.

3 Schreibe auf, was du zum Schutz und zur Pflege der Natur beitragen kannst.

4 Gestaltet in Gruppen ein Lapbook zum Thema „Mit Natur sorgsam umgehen“.

Die Eigenverantwortung zum Schutz der Natur stärken, Handlungsbeispiele benennen und weitere Möglichkeiten mithilfe von medialen Quellen recherchieren; ein Lapbook zum Thema gestalten

S. 8, 9

Wasser in der Natur

1 Wasser verwandelt sich. Finde Erklärungen.

Wie entstehen an einem Fenster Eisblumen?

- Der Raum hat nur dünne Fensterscheiben.
- Die Außentemperatur liegt unter 0 °C.
- Die warme Raumluft enthält Wasserdampf.
- Sie strömt zur kalten Fensterscheibe.

Die Raumtemperatur kühlt sich ab und ______________________.

Langsam wachsen ______________________________.

Warum verschwindet die Pfütze?

____

____

____

____

Wie entsteht Blitzeis?

____

____

____

____

2 Trage die Fachbegriffe ein. Nutze das Schülerbuch.

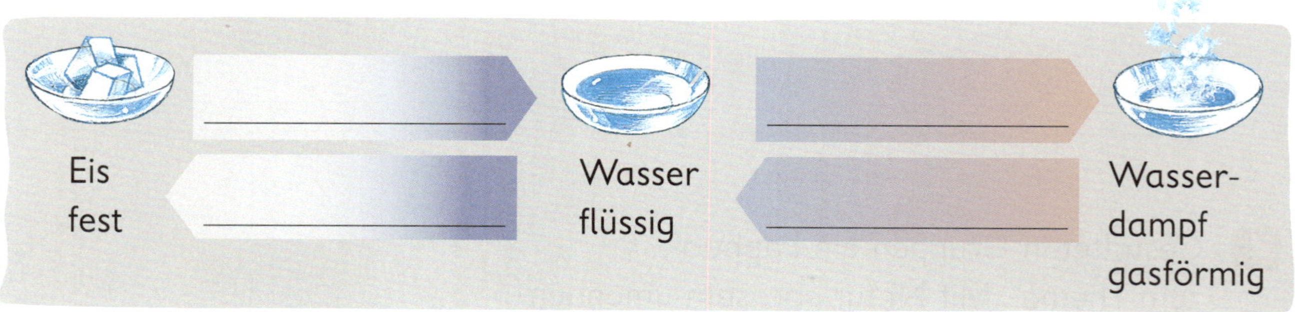

Phänomene der Natur am Beispiel des Wassers erkennen und beschreiben, dabei ausgewählte Vorgänge in der Natur erfassen, erklären und begründen; die Zustandsformen des Wassers wiederholen, Fachbegriffe einprägen

S. 2

3 Vermute: Warum geht die Frau nicht unter?
Kreuze an.

- ☐ Das Tote Meer ist ein Salzwassersee.
- ☐ Das Tote Meer ist ein Süßwassersee.
- ☐ Das Wasser enthält viel Salz.
- ☐ Das Wasser enthält wenig Salz.

4 Führe das Experiment durch.

Schwimmendes Ei

Frage: Kann ein Ei im Wasser schwimmen?

Vermutung: ______________________________

Du brauchst:

Glas

rohes Ei

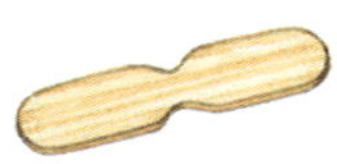
Rührstab

Salz

Esslöffel

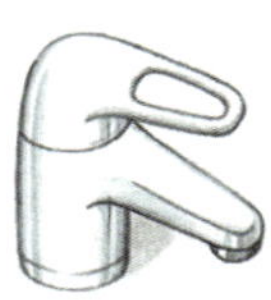
Leitungswasser

Durchführung:

1. Ich fülle das Glas mit Leitungswasser und lege das Ei mit dem Esslöffel ins Wasser.
2. Ich gebe einen Esslöffel Salz in das Wasser, rühre um und beobachte.
3. Ich gebe noch mehr Salz ins Wasser und rühre vorsichtig um.

Beobachtung:

1 ______________________________

2 ______________________________

3 ______________________________

Erklärung: Salzwasser ist schwerer als
Leitungswasser, deshalb
____

Ein Naturphänomen durch einen Versuch beweisen (Salzwasser trägt); den Versuch durchführen, die Beobachtungsergebnisse notieren, zum Ergebnis Recherchen vornehmen

S. 7

Der Kreislauf des Wassers

1 Beschreibe den Kreislauf des Wassers.

2 Wie kommt das Wasser im Wasserkreislauf vor? Notiere Beispiele:

Den Kreislauf des Wassers mithilfe des Schaubildes beschreiben, Beispiele für die Zustandsformen des Wassers im Kreislauf nennen, kausale Zusammenhänge erkennen und verständlich darlegen (Wenn ..., dann ...); einige Zustandsformen an Beispielen aufschreiben

3 Schreibe in das Schaubild auf Seite 42 die Nummern.

1	Niederschlag fällt aus den Wolken. Es regnet. Ist die Luft sehr kalt, fällt Schnee.
2	Teile des Niederschlags versickern im Boden. Es sammelt sich Grundwasser an.
3	Dort, wo das Wasser einen Weg nach außen findet, entsteht eine Quelle. Wasser sammelt sich in Bächen, Flüssen und Meeren.
4	Die Sonnenwärme erwärmt Wasser und Land. Flüssiges Wasser verwandelt sich in den gasförmigen Zustand. Es bildet sich Wasserdampf.
5	Der unsichtbare Wasserdampf steigt mit der erwärmten Luft nach oben.
6	In der Höhe kühlt die Luft wieder ab. Hier verwandelt sich der Wasserdampf wieder zu winzigen Wassertropfen und bildet Wolken. Bei großer Kälte entstehen sogar Eisteilchen. Der Wind treibt die Wolken über den Himmel.
7	In den Wolken fliegen die Wassertröpfchen oder Eisteile hin und her. Sie stoßen aneinander, verbinden sich und werden immer schwerer.

4 Führe das Experiment durch.

Kreislauf des Wassers

Du brauchst:
- ein großes Glas mit Schraubdeckel
- zwei kleine Pflanzen
- eine kleine Schale mit Wasser
- kleine Steine
- Sand und Erde

Durchführung:
- Fülle nacheinander ein: Steine, Sand und Gartenerde.
- Pflanze die kleinen Pflanzen ein.
- Gieße die Erde etwas an.
- Stelle die Schale mit Wasser ins Glas.
- Schraube es zu.
- Beobachte alles längere Zeit.

Meine Beobachtungen: ____________________

____

____

Den Text über den Kreislauf des Wassers lesen, die Nummern in das Schaubild S. 42 einfügen; damit das Geschehen im Wasserkreislauf festigen; in einem Experiment nachweisen, dass in einem geschlossenen Gefäß auch ein Kreislauf des Wassers stattfindet

S. 7

Das Hausschwein ist ein Nutztier

1 Hausschweine sollen artgerecht gehalten werden.
Ergänze den Lückentext und klebe die Bilder von Seite 55 ein.

Schweine brauchen saubere und helle St__________. Sie sind gesellig und sollten in Stallgruppen von 10 bis 20 T__________ gehalten werden. In der Gemeinschaft fühlen sie sich wohl.	Seite 55
Schweine brauchen Liegeplätze mit St__________: im Sommer mit weniger, im Winter mit mehr zum Wärmen. Die Schweine w__________ gern im Stroh, zerkauen es und bauen damit ihre Nester.	Seite 55
Schweine brauchen A__________ ins Freie, denn sie bewegen sich gern. Dort wühlen sie in der Erde und suchen F__________. Sie baden sich in Schlammsuhlen, um sich abzukühlen und zu reinigen.	Seite 55
Sauen, die F__________ bekommen, brauchen gesonderte Liegeplätze. Nach der G__________ bekommen die kleinen Ferkel ein beheiztes Ferkelnest und können sich in einem eigenen Bereich aufhalten.	Seite 55
S__________ müssen ausreichend und regelmäßig gefüttert werden. Sie brauchen gutes F__________: Raufutter wie Stroh, Heu oder frisches Gras und zusätzlich Kraftfutter. Sie trinken viel.	Seite 55

Informationen zur artgerechten Haltung von Hausschweinen dem Sachtext entnehmen,
dabei den Lückentext ergänzen, Bilder ausschneiden und den einzelnen Textabschnitten zuordnen

2 Trage ein: Das wird vom Hausschwein weiterverarbeitet.

Borsten	______

______	______	______

3 Schweine werden gemästet.
Die jungen Mastschweine werden
nach fünf bis sieben Monaten geschlachtet.
Wie heißen die Teilstücke, aus denen Fleisch und Wurst zubereitet werden?
Informiere dich im Internet.

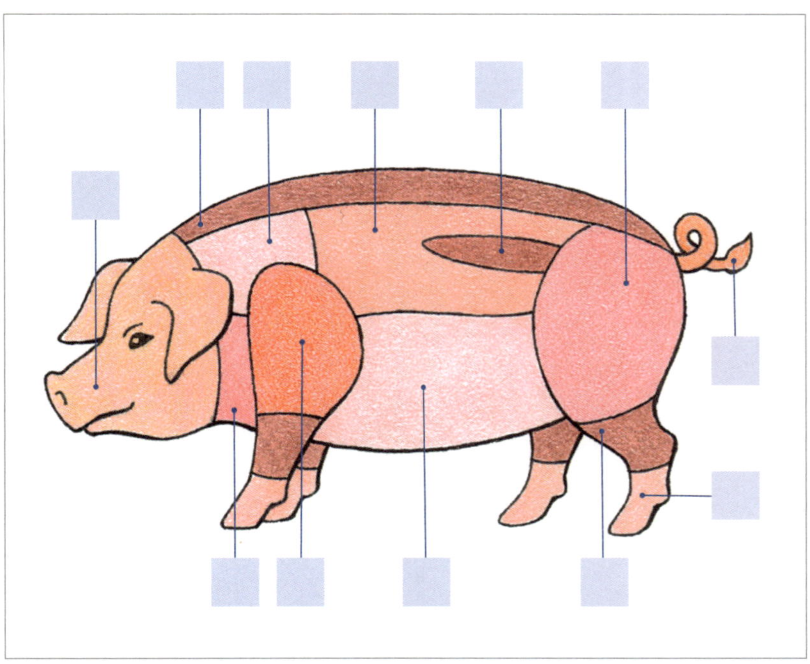

1 Kopf
2 Nacken, Kamm
3 Schulter
4 Rückenspeck
5 Kotelett, Kassler
6 Filet
7 Hüfte, Schinken
8 Eisbein
9 Bauch
10 Brust, dicke Rippe
11 Schwanz
12 Füße

S. 2, 3

Hühnerhaltung

1 Schreibe eine Geschichte zum Leben der Hühner auf ein Blatt.
Die Bilder helfen dir.

2 Zeichne und schreibe, warum Hühner gehalten werden.

Sich über die Zeichnungen und das Foto in das Leben von Hühnern hineinversetzen,
dazu eine eigene Geschichte schreiben; die Bedeutung des Haushuhnes für den Menschen erfassen

3 Betrachte die Fotos und lies die Texte.
Ordne die Sätze zu **A** und/oder **B**.

A Die meisten Legehennen werden in Bodenhaltung gehalten.

B Eine geringere Anzahl der Legehennen lebt in Freilandhaltung.

1 Die Hühner sind nur im Stall.
2 Die Hühner sind im Stall und im Freien.
3 Die Tiere können im Freien picken und scharren.
4 Der Stallboden ist teilweise mit Stroh und Sand bestreut.
5 Im Stall gibt es Sitzstangen.
6 Es gibt Nester zum Eierlegen.
7 Die Hühner haben weniger Platz zum Umherlaufen.
8 Die Hühner haben viel Platz zum Umherlaufen.
9 Die Hühner fressen Körner, Würmer und Schnecken.
10 Die Hühner werden gefüttert.

4 Es gibt auch die Biohaltung von Legehennen.
Forsche mit Kinder-Suchmaschinen im Internet nach.

5 Vergleiche die Vor- und Nachteile der verschiedenen Haltungen von Legehennen.

Bodenhaltung und Freilandhaltung als zwei verschiedene Haltungsarten kennenlernen, Beschreibungen entsprechend zuordnen, eigenständig zur ökologischen Haltung (Biohaltung) in medialen Quellen recherchieren; alle Haltungsarten miteinander vergleichen und Vor- und Nachteile benennen

S. 2

Stoffe werden verarbeitet und genutzt

Gegenstände in einer Wohnung sind
aus unterschiedlichen Stoffen hergestellt.

1 Wähle einen Gegenstand aus eurer Wohnung aus.
Gestalte einen Steckbrief.
Nutze auch das Internet.

Ein Gegenstand aus unserer Wohnung

Name: __________

Aussehen: __________

____

Verwendung: __________

Herstellung: __________

____

____

2 Stell dir vor: Der Gegenstand ist nicht mehr zu gebrauchen.

In welche Mülltonne kommt er dann? __________

Kann man aus diesem Abfall wieder etwas Neues herstellen?

____

____

Was könnte man daraus herstellen? __________

____

Einen Gegenstand auf seine Eigenschaften untersuchen; sich über seine Herstellung informieren, Ergebnisse dokumentieren; den Gegenstand auf mögliche Wiederverwertung prüfen

S. 2, 3

3 Welche Gegenstände in eurem Haushalt sind aus Glas und Porzellan.
Trage Beispiele in die Tabelle ein.

Gegenstände aus Glas	Gegenstände aus Porzellan

4 Die Rohstoffe Sand, Soda, Pottasche und Kalk werden im Feuer bei über 1300 °C geschmolzen. Aus ihnen wird Glas hergestellt.
Betrachte das Schema und recherchiere im Internet.
Was, zum Beispiel, ist ein Zinnbad? Bereite einen Kurzvortrag vor.

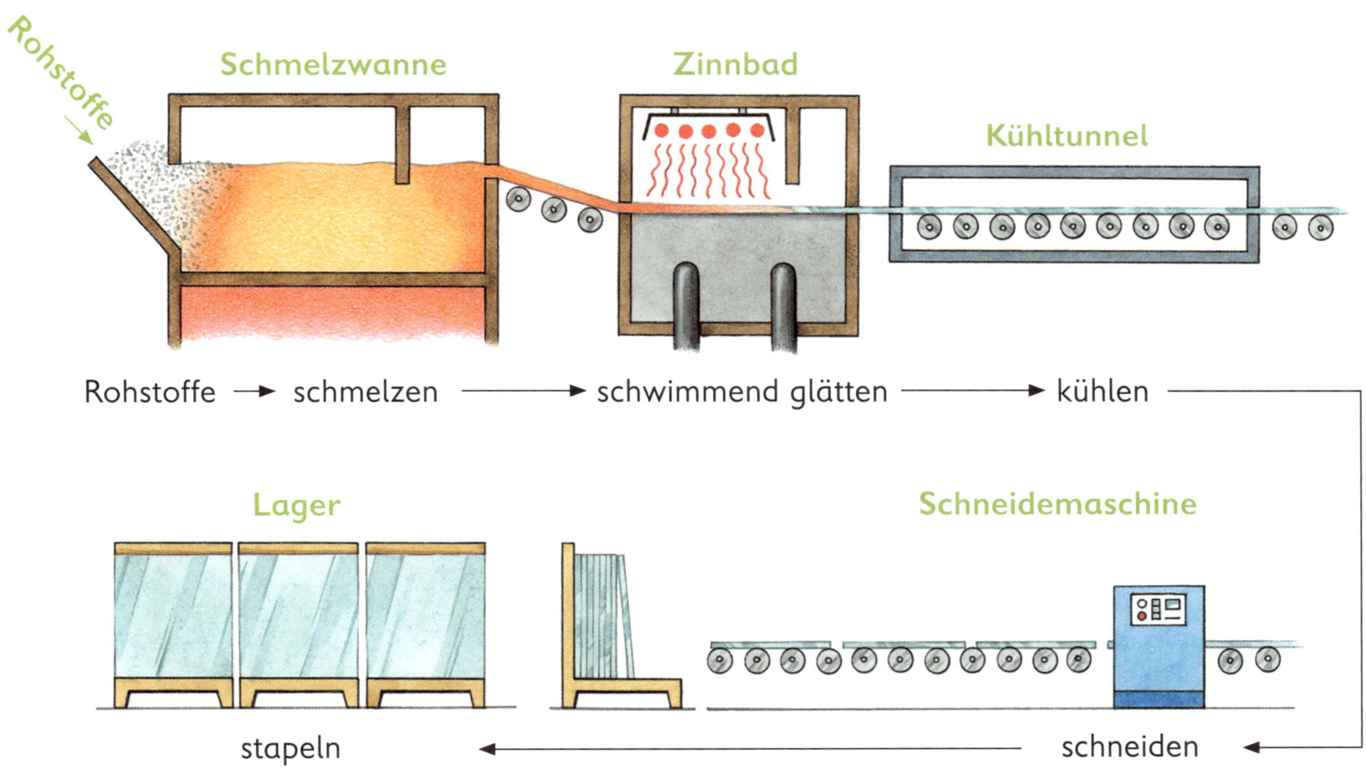

5 Forsche nach einem Betrieb in Thüringen, der Glas herstellt oder verarbeitet.

Name des Betriebes: ______________________________

Medien nutzen

1 Jeden Tag benutzt du Medien.
Welches Medium ist dir zu den verschiedenen Tageszeiten am wichtigsten? Wann verzichtest du auf Medien?
Schreibe oder zeichne.

Beim Frühstück	In der Schule	In der Schulpause	Beim Mittagessen
Bei den Hausaufgaben	In der Freizeit	Beim Abendessen	Beim Schlafengehen

2 Welches Medium nutzt du am meisten?
Begründe, warum du es oft nutzt.

Medium: ______________________________

Warum ich es oft nutze: ______________________________

____

____

Sich mit der Nutzung von Medien im Tagesverlauf auseinandersetzen und diese kritisch reflektieren; das Medium mit der längsten Nutzungsdauer benennen und begründen

3 Wer Medien nutzt, der sollte auch wissen, was sie mit uns machen.
Schreibe Beispiele zu den Sätzen auf.

Was Medien machen	Beispiel für Medien
Sie informieren uns über das Geschehen in der Welt:	Im Fernsehen
Sie unterhalten uns:	
Sie können unsere Meinung beeinflussen:	
Sie helfen uns im Alltag:	
Sie ermöglichen, dass Menschen miteinander verbunden sind:	

4 Ein Foto ist auch ein Medium.
Was denkst du, wenn du es ansiehst?
Schreibe deine Gedanken zu diesem Foto auf.

Vergleicht eure Ergebnisse.

Die Aufgaben von Medien erfassen (Information, Unterhaltung, Kommunikation ...); mithilfe des Fotos die Auswirkungen der Mediennutzung (hier: Einfluss auf Sozialkontakte) bewusst wahrnehmen und bewerten

Informationen im Internet suchen

Wer im Internet Informationen sucht, kann
- eine Frage stellen,
- ein Suchwort eingeben,
- mehrere Suchwörter eingeben.

1 Ihr wollt einen Steckbrief über ein Haustier schreiben.

Wählt gemeinsam ein Haustier aus. Es heißt: ______________________

Jeder überlegt sich zu dem Tier eine Frage. Wählt eine der Fragen aus.

Frage: ______________________

____

Findet ein passendes Suchwort oder Suchwörter zur Frage:

Suchwörter: ______________________

____

2 Gebt eure Frage, euer Suchwort oder eure Suchwörter in die Suchmaschine ein. Lest der Reihe nach. Wählt Informationen aus und klickt sie an.

Ein Beispiel für eure Suchmaschine:

Macht euch Notizen auf einem Blatt Papier.

3 Vergleicht die Informationen, die ihr jeweils erhaltet. Besprecht, was ihr feststellt.

Umgang mit dem Internet üben; Suche zum Thema „Haustiere“ im Internet vorbereiten; Suchbegriffe überlegen; Suche in Kinder-Suchmaschinen durchführen; Informationen miteinander vergleichen

S. 2

Zum Ausschneiden

für Seite 14

Sehe ich einen Unfall, hole ich Erwachsene oder rufe selbst die Notrufnummer ________ an.	Als Radfahrer trage ich einen Helm, fahre bei Glätte langsam, schiebe mein Rad an gefährlichen Stellen.

für Seite 36 und 37

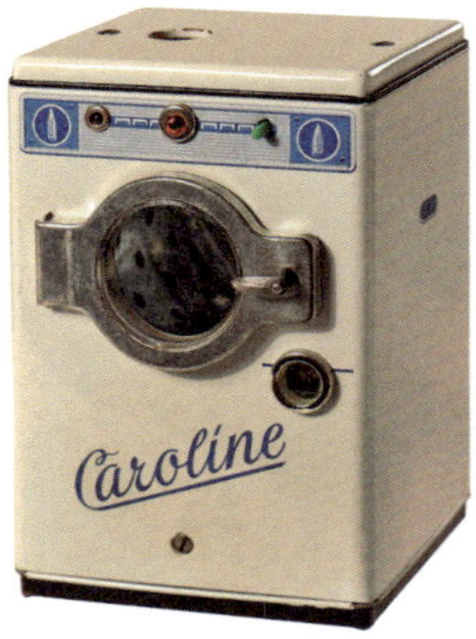

Zum Ausschneiden

für Seite 44

Mit Fotos kannst du ein Rätselspiel spielen.
Hier siehst du nur einen Teil vom Bild.
Was zeigt das ganze Foto? Welche Tiere sind zu sehen?
Schreibe zu einem Tier einen Steckbrief.

Übersicht zur Lehrplanpassung für Lehrerinnen und Lehrer

Lernbereich	Seiten im Schülerbuch 3	Seiten im Arbeitsheft 3
Lebewesen und Lebensräume		
– Mensch	6–7, 12, 25–29, 32, 40, 41–52	8–9, 16–19
– Tiere	36–37, 93–100,	44–47
– Lebensräume	36–37, 80–83	38–39
Natur und Technik		
– Wetter	13–15, 18–24, 34–35	4–7, 12–13
– Wasser	85–92	40–43
– Luft	16–17	6–7
– Stoffe	101–106	48–49
Raum und Zeit		
– Individuum in Raum und Zeit	22–23, 53–63	20–27, 34–37, 53
– Schule als sozialer Lebensraum	5–12	2–3
– Heimat als regionaler Lebensraum	28–29, 64–65, 71–78	10–11, 28–29
Individuum und Gesellschaft		
– Individuum in der öffentlichen Gemeinschaft	30–32, 66–70	30–33
– Institutionen lokaler und regionaler Gemeinschaften	33, 38–39	14–15
– Individuum und Medien	79–84, 107–112	50–52

Umweltfreunde 3

Wegweiser

Arbeitstechniken für den Sachunterricht

2 Informationen suchen und sammeln
3 Informationen präsentieren
4 Ein Säulendiagramm auswerten
5 Ein Säulendiagramm erstellen
6 Piktogramme lesen
7 Sachen erforschen
8 Ein Lapbook herstellen
9 Ein Lapbook gestalten
10 Eine Mindmap zeichnen
12 Eine Wanderkarte lesen
14 Einen Vortrag vorbereiten
15 Einen Vortrag halten
16 Einen Zeitstrahl gestalten

VOLK UND WISSEN

Informationen suchen und sammeln

Ich will mich über das Thema „Schule in Spanien“ informieren.

1 Ich überlege, wo ich die Informationen finden kann.

2 Ich lese nach, schaue das Material an oder höre zu.

3 Ich sammle alles, was zum Thema passt.
Dafür schreibe ich mir Notizen auf, zeichne und schneide Bilder aus.

4 Ich sortiere die Informationen nach wichtigen Stichpunkten
und sammle sie in einem Kasten:

- Fächer in der 3. Klasse
- Fremdsprachen lernen
- Stundenplan in der 3. Klasse
- Pausen

5 Ich wähle für eine Präsentation passende Informationen aus.

So kann ich Interessantes und Wissenswertes zu einem Thema aus Medien heraussuchen oder durch Gespräche erfahren und aufschreiben, aufzeichnen, ausschneiden, kopieren. Zum Beispiel zu den Themen „Schule in anderen Ländern“, „Lebensräume von Tieren“ …

Informationen präsentieren

Ich will Informationen zum Thema „Schule in Spanien“ präsentieren.

1 Ich wähle für meine Präsentation eine geeignete Form:

Text

Schema

Bilder mit Beschriftung

Folien

Film

Modelle, Naturobjekte

2 Ich beachte bei meiner Präsentation Regeln.
Zum Beispiel:

Der Text ist gut lesbar.

Das Schema ist übersichtlich.

Das Bild enthält wichtige Informationen.

Die Folie ist gut zu erkennen.

Der Film zeigt Wesentliches zum Thema.

Das Modell ist für alle gut sichtbar.

So kann ich zu einem Thema Wissenswertes vorstellen und dazu verschiedene Medien nutzen: Wandtafel, Plakat, Folie oder Whiteboard, Foto, Film, Original, Modell …

Ein Säulendiagramm auswerten

Ich möchte wissen, was das Säulendiagramm darstellt.

Für Touristen: Mittlere Temperaturen in Berlin

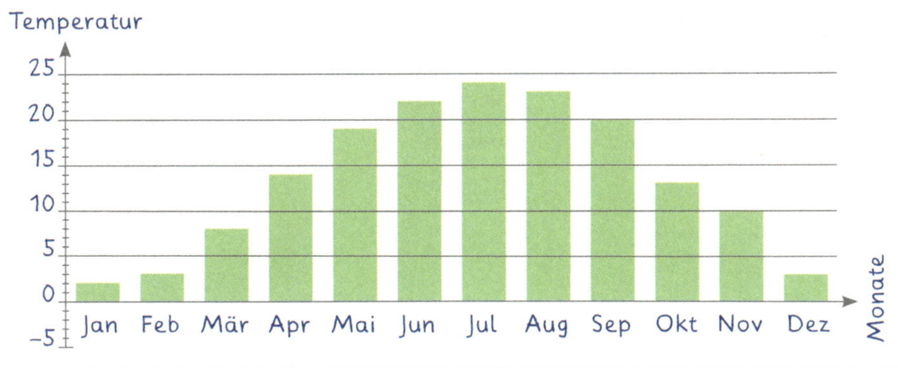

1 Ich lese die Überschrift: Mittlere Temperaturen in Berlin

2 Ich lese, was an den Pfeilen steht.
Am senkrechten Pfeil ↑ sind die Temperaturen angegeben.
Am waagerechten Pfeil → sind die Monate genannt.

3 Ich lese den Wert für die Temperatur im ausgewählten Monat ab.
Ich lege ein Lineal an die obere Kante der Monatssäule.
Auf dem Temperatur-Pfeil kann ich jetzt die Temperatur ablesen.

4 Ich werte das Diagramm aus:
Im Monat Juli zeigt die Temperatursäule 24°C.
Im Monat Juli ist es durchschnittlich am wärmsten.

So kann ich einem Schaubild Informationen entnehmen. Temperatur ablesen, Besucherzahl einer Bibliothek ermitteln, Anzahl der Verkehrsunfälle erkennen ...

Ein Säulendiagramm erstellen

Ich möchte ein Säulendiagramm erstellen.
76 Kinder wurden zu Medienbesitz befragt:
Wie viele CDs (Hörbücher, Musik, Spiele) besitzt du?

Das Ergebnis:

Anzahl der Kinder	4	13	18	22	16	3
Anzahl der CDs	0	1–5	6–10	11–15	16–20	über 20

So stelle ich die Tabelle als Säulendiagramm dar.

1 Ich zeichne zwei Achsen:
senkrecht ↑ – für die Anzahl der Kinder,
waagerecht → – für die sechs Säulen zur Anzahl der CDs.

2 Ich zeichne auf der Achse in gleichen Abständen:
senkrecht – Striche für die Anzahl der Kinder,
waagerecht – Striche für die sechs Säulen zur Anzahl der CDs.
Ich beschrifte die Striche.

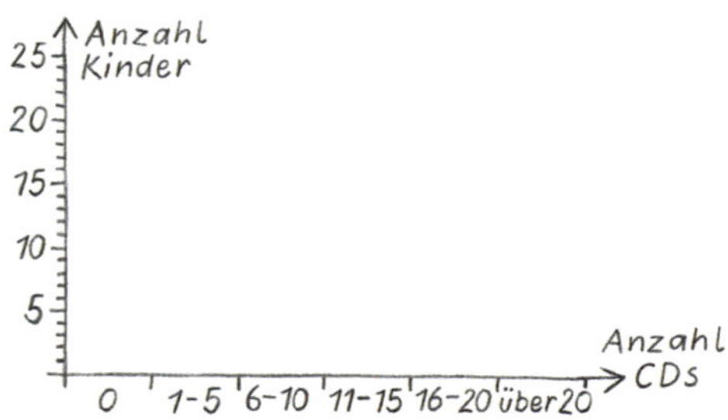

3 Ich zeichne bei 0 CDs eine Säule bis zur Anzahl 4 der Kinder.
Ich zeichne bei 1-5 CDs eine Säule bis zur Anzahl 13 der Kinder und so weiter.

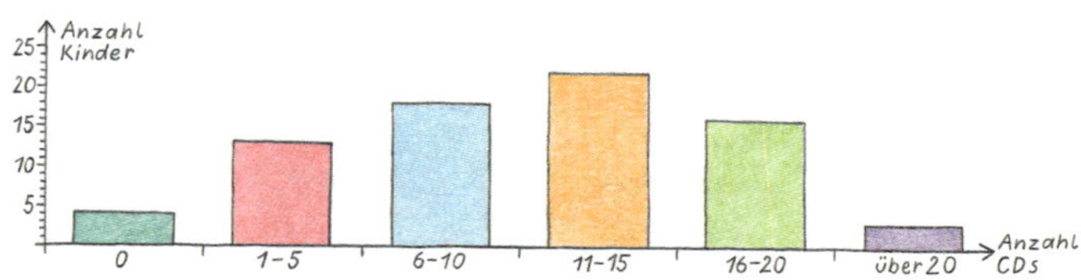

So kann ich aus einer Tabelle oder Übersicht ein Säulendiagramm erstellen:
Besitz von CDs, Lieblingsbeschäftigungen von Mädchen und Jungen ...

Piktogramme lesen

Piktogramme sind einfache Bilder, die wir „lesen“ können.
Sie informieren uns schnell, ohne Text zu nutzen.

1 Ich betrachte die Bilder genau:
Was ist zu sehen?

2 Ich überlege, was die Bilder bedeuten:
Welche Information erhalte ich?

Piktogramme für Regeln im Unterricht

Ich betrachte:

	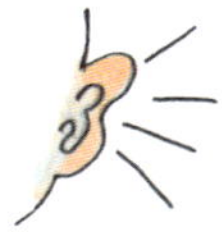			
Ich deute:				
leise sein	zuhören	miteinander reden	sich helfen	nicht laut sein

Piktogramme für Windrichtungen

Ich betrachte:

				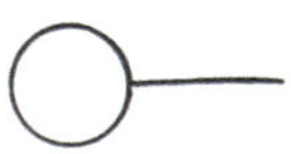
Ich deute:				
Wind	von Nord nach Süd	von Süd nach Nord	von West nach Ost	von Ost nach West

So kann ich Bilder (Piktogramme) deuten: Zeichen für Wettererscheinungen, Zeichen auf Tastaturen und Menüleisten bei Computern, Verkehrsschilder, Gefahrenzeichen auf Haushaltsmitteln …

Sachen erforschen

Ich habe ein Problem oder möchte etwas Neues über eine Sache wissen. Ich forsche nach.

> Wie überlebt ein Grasfrosch den Winter?

1 Ich schreibe meine Frage auf und vermute, wie die Antwort lauten könnte.

2 Ich überlege, wie ich eine Antwort finden kann.

- Sachbücher lesen
- im Internet nachsehen
- Experten befragen
- Beobachtungen durchführen
- Sachen untersuchen

3 Ich notiere meine Ergebnisse.

> Meine Ergebnisse:
> - Winterstarre bei Winteranbruch
> - bleiben am Grund des Gewässers
> - dort sind etwa 4°C
> - alle Lebensvorgänge eingeschränkt

4 Ich spreche mit anderen, die sich mit dem gleichen Thema befassen.

5 Ich betrachte alle Ergebnisse und bewerte, ob sie meine Fragen zum Problem beantworten.

So kann ich Sachen oder Sachverhalte erforschen: das Tier- und Pflanzenleben, meinen Körper, Ereignisse in der Welt, Landschaften …

Ein Lapbook herstellen

Ich möchte zu einem Thema ein Lapbook gestalten.
Ein Lapbook ist eine Mappe, die sich aufklappen lässt und in die kleine Karten und Büchlein eingeklebt werden.

1 Ich lege das Material bereit:

- farbiger Kartonbogen 50 cm x 70 cm
- farbiges Papier, Umschläge
- Lineal
- Bleistift
- Schere
- Nadel

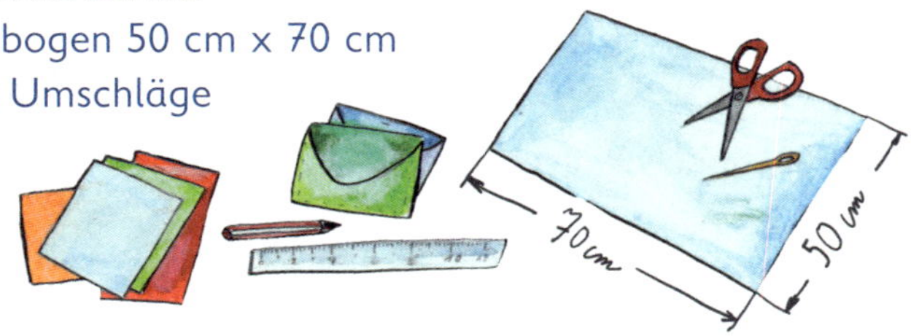

2 Ich messe an beiden langen Seiten des Kartonbogen vier gleich große Abschnitte ab.

3 Ich markiere die beiden äußeren Abschnitte durch einige Nadelstiche. Die Seiten lassen sich dadurch leicht umklappen.

4 Ich schneide und bastle aus farbigem Papier verschiedene Formen, zum Beispiel:

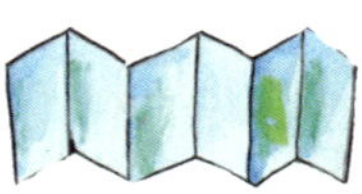
Leporello

Tasche

Pop-up

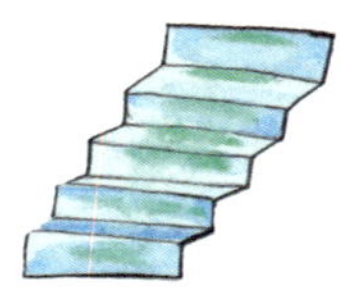
Stufenbuch

Büchlein

Faltbuch

Kreisbuch

So kann ich zu meinen Lernergebnissen eine interessante Präsentation mit einem Lapbook erstellen. Themen: „Ein Tierporträt“, „Mein Körper“, „Mein Heimatort“, „Ferne Länder“, „Naturwissenschaftliche Experimente“ …

Ein Lapbook gestalten

1 Ich gestalte mein Lapbook und nutze dafür verschiedene Büchlein und Karten.

So kann ich zu meinen Lernergebnissen eine interessante Präsentation mit einem Lapbook erstellen. Themen: „Ein Tierporträt", „Mein Körper", „Mein Heimatort", „Ferne Länder", „Naturwissenschaftliche Experimente" ...

Eine Mindmap zeichnen

Ich möchte den Lernstoff über meinen Heimatkreis wiederholen.

1. Ich schreibe oder/und zeichne in die Mitte das Thema.
2. Von der Mitte aus zeichne ich Hauptäste und schreibe auf jeden ein Signalwort zum Thema.
3. Ich verzweige die Hauptäste. Auf jeden Zweig schreibe ich ein passendes Wort zum Signalwort.
4. An die Zweige male ich als Merkhilfen kleine Bilder.

So kann ich eine Gedanken-Landkarte (Mindmap) mit Signalwörtern und Bildern anfertigen.
Thema: „Was ich über meinen Landkreis weiß“, „Was in Park oder Hecke lebt“, „Ein Tierporträt“ …

5 Ich beachte:

- Ich lege ein DIN-A4-Blatt quer und verdrehe es während der Arbeit nicht.
- Ich teile das Blatt übersichtlich ein.
- Ich nutze drei oder mehr Farben.
- Ich zeichne die Hauptäste dicker.
- Ich schreibe nur Druckbuchstaben.
- Ich male viele Bilder dazu.

Zu beachten: Jede Gedanken-Landkarte (Mindmap) etwas anders gestalten, um sich besser an die Form und den Inhalt erinnern zu können.

Eine Wanderkarte lesen

Ich will mit Hilfe einer Karte wandern gehen.

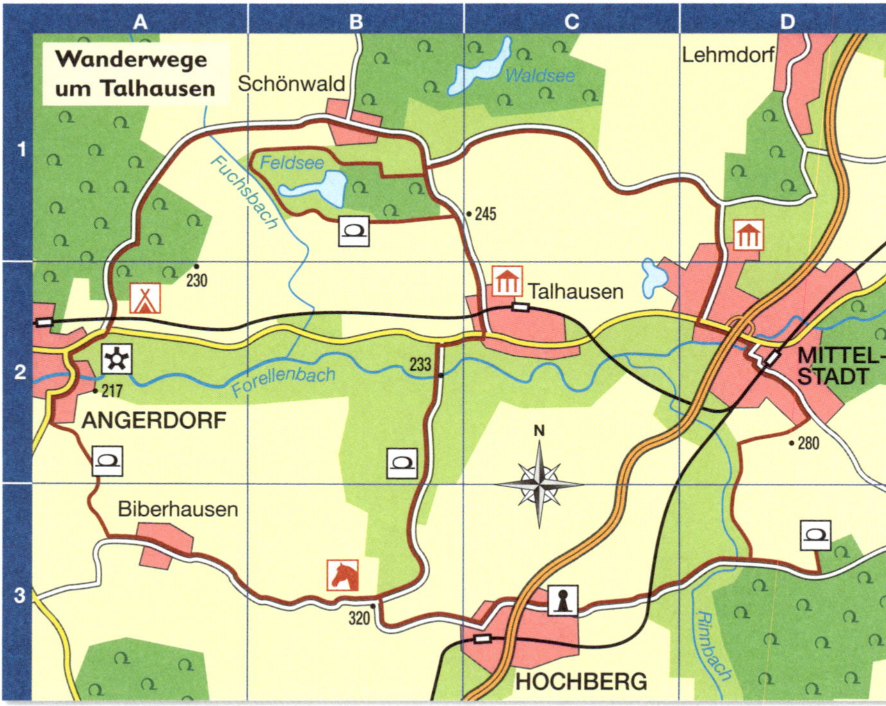

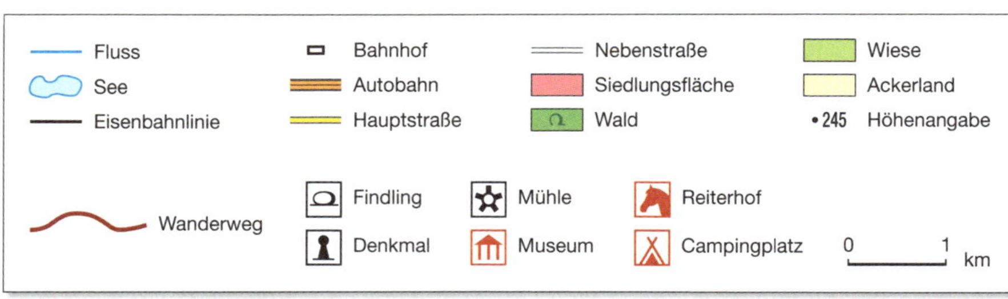

So kann ich einer vereinfachten Darstellung eines Gebietes auf der Erde mit Hilfe einer Legende Informationen entnehmen: Wanderwege, Ortsnamen, Landschaften …

1 Ich lese die Überschrift: **Wanderwege um Talhausen**

2 Ich betrachte die Legende. Sie zeigt:

- was die Farben bedeuten — Ackerland, Siedlungsfläche
- was die Linien bedeuten — Wanderweg, Hauptstraße
- was die Symbole bedeuten — Findling, Campingplatz

3 Ich nutze die Legende und finde heraus, was sich in diesem Gebiet befindet.

4 Ich betrachte die Zahlen und Buchstaben am Rand und die Linien auf der Karte.

Die Linien bilden ein Gitternetz auf der Karte.
Man nennt es Planquadrate.

Die Quadrate werden mit Zahlen und Buchstaben am Rand benannt.

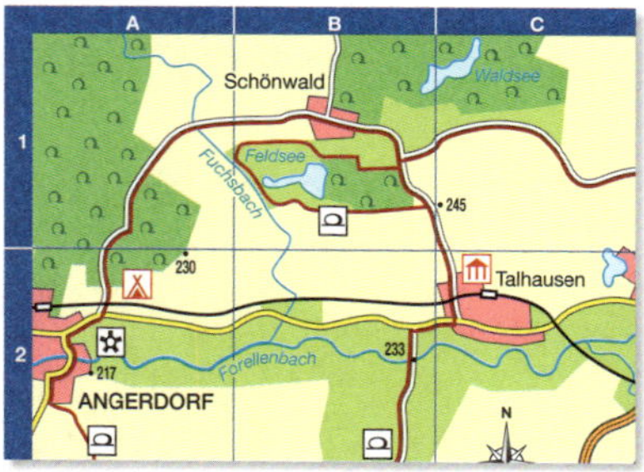

5 Ich bestimme mit Hilfe der Planquadrate einen Standort: Talhausen liegt im Planquadrat C 2.

So kann ich mit Hilfe der Planquadrate auf einer Karte die Lage von Orten, Bergen, Flüssen, Sehenswürdigkeiten usw. bestimmen.

Einen Vortrag vorbereiten

Ich möchte einen Vortrag zum Wasserkreislauf halten.

Ich suche und sammle Informationen.

Ich sammle Material zum Anschauen.

Ich sortiere und lege fest, welche Texte und Materialien ich nutze.

Ich schreibe für den Vortrag eine Gliederung und mache mir Notizen.

Ich bearbeite meine Notizen, bis ich mit dem Inhalt zufrieden bin.

Ich schreibe Stichpunkte auf Karteikarten und ordne das Material dazu.

Ich übe zu Hause das Vortragen mit Hilfe der Karteikarten.

Ich lege im Raum alle Sachen für den Vortrag bereit.

Ich prüfe, ob die technischen Geräte funktionieren.

So kann ich verschiedene Vorträge halten: In der Einleitung Aufmerksamkeit wecken; im Hauptteil wichtige Sachinformationen geben, diese gut gliedern und dazu Anschauungsmaterial zeigen; im Schlussteil zusammenfassen und durch eine besondere Aufgabe zum Weiterlernen ermuntern.

Einen Vortrag halten

1 Ich stelle mich vor die Klasse. Alle können mich gut sehen.

2 Ich spreche frei und nutze nur meine Karteikarten.
Ich spreche laut und deutlich.

3 Ich zeige an passender Stelle mein mitgebrachtes Material:
Bilder, Folien, Bücher, ein Experiment …
Das mache ich so:

- Ich zeige das Material.
- Ich lasse es kurz ansehen.
- Ich erkläre es.

4 Ich bitte meine Klasse, mir Fragen zum Thema zu stellen.

5 Ich lasse mir zum Schluss eine Überraschung einfallen,
zum Beispiel ein Quiz, eine gemeinsame Schreib- oder
Zeichenaufgabe, eine kurze Geschichte …

So kann ich verschiedene Vorträge halten: In der Einleitung Aufmerksamkeit wecken; im Hauptteil wichtige Sachinformationen geben, diese gut gliedern und dazu Anschauungsmaterial zeigen; im Schlussteil zusammenfassen und durch eine besondere Aufgabe zum Weiterlernen ermuntern.

Einen Zeitstrahl gestalten

Ich möchte meine Lebensjahre als Zeitstrahl gestalten und einige Fotos zuordnen.

1 Ich zeichne einen Pfeil.
Dazu nutze ich Bleistift und Lineal.

2 Ich teile den Pfeil in gleiche Abstände ein: für jedes Lebensjahr einen. Daran schreibe ich die Lebensjahre.

3 Ich klebe zu den Lebensjahren Fotos auf.

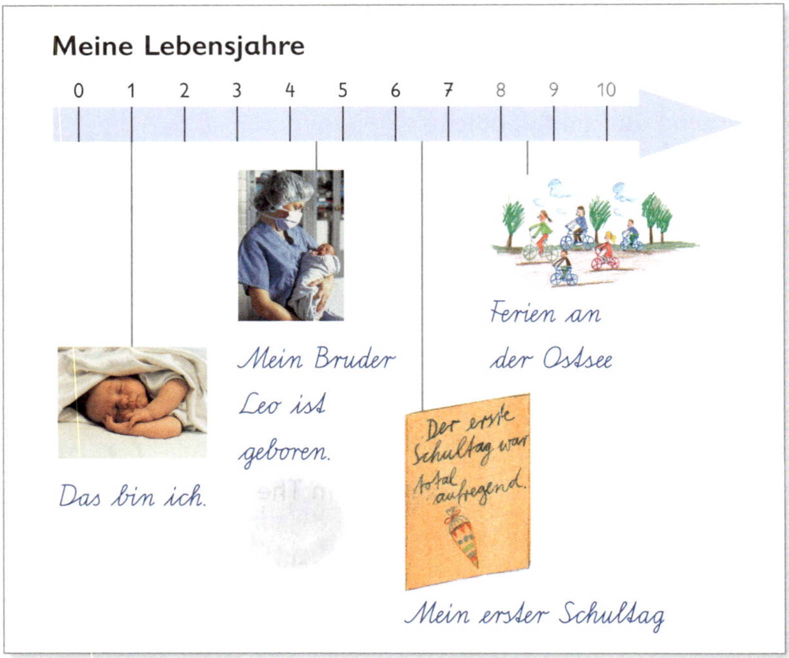

So kann ich Zeiträume oder Abfolgen zeitlicher Ereignisse mit Hilfe eines Zeitstrahls darstellen: Fotos aus dem Familienleben, Geburtstage in einem Jahr, Entwicklung des Fahrrades von früher bis heute …